PALAIS BOURBON

AUJOURD'HUI

PALAIS DU CORPS LÉGISLATIF.

PALAIS BOURBON

AUJOURD'HUI

PALAIS DU CORPS LÉGISLATIF.

ORIGINE ET DESCRIPTION DE CET ÉDIFICE;

SES DIFFÉRENTES TRANSFORMATIONS.

PRINCIPAUX ÉVÈNEMENTS

dont il a été le théâtre depuis sa fondation

1722 JUSQU'EN 1855.

PARIS,

IMPRIMÉ PAR HENRI ET CHARLES NOBLET,

Rue St-Dominique, 56.

1855

Cet Ouvrage contient l'Histoire du terrain sur lequel le Palais-Bourbon a été construit; une Description du Bâtiment et une Notice explicative des Objets d'art qui ornent aujourd'hui le Palais du Corps Législatif. Il est terminé par un Etat Général de toutes les dépenses faites depuis son origine jusqu'en 1855.

ORNÉ DE DEUX VUES DU PALAIS.

———

Vue de la façade du Palais-Bourbon

PALAIS BOURBON

AUJOURD'HUI

PALAIS DU CORPS LÉGISLATIF.

L'homme a toujours eu un attrait mystérieux pour l'étude des monuments historiques ; il aime à déchirer les voiles qui couvrent leur origine, à pénétrer les évènements qui les ont rendus célèbres. C'est qu'en effet ces monuments retracent mieux que les feuilles d'un livre les mœurs d'une époque, et leurs transformations ou leurs ruines jettent au milieu des peuples de grandes moralités.

Lorsqu'un voyageur aperçoit sur sa route quelques fragments amoncelés par les siècles, il se hâte d'arracher les hautes herbes qui les cachent, et replaçant, par la pensée, toutes ces pierres noircies ou mutilées, il tâche de reconstruire l'édifice afin de mieux saisir les principales scènes dont il fut le théâtre.

S'il rencontre un monument échappé aux mains destructives du temps et des révolutions, il s'empresse d'y entrer : il parcourt avec ardeur ces nefs majestueuses, ces cours silencieuses et sombres ; ces galeries jadis resplendissantes, ces salles mystérieuses, ensanglantées souvent par le malheur, par le crime, profanées par l'orgie ou sanctifiées par le martyre et la piété de nos pères.

Il n'est peut-être pas de pays plus riche en monuments historiques que la France. Tous nous rappellent une époque triste ou glorieuse de notre histoire : Blois, Fontainebleau, Saint-Cloud, Versailles, Rambouillet, le Palais-Royal, le Louvre, les Tuileries, et tant d'autres, enseigneront longtemps au monde entier la grandeur, la gloire de la France, le génie, la puissance et les malheurs de ses rois.

Parmi tant d'édifices divers, il en est un qui, dans l'espace d'un siècle, est devenu célèbre à bien des titres : c'est le Palais-Bourbon.

S'il arrive souvent à l'homme d'être détourné de la voie qu'il semblait s'être choisie, il est rarement donné à un palais de subir des transformations plus complètes et plus dissemblables.

Tour à tour maison de plaisance, palais princier,

sanctuaire de la science, puis, enfin, temple de la loi, que d'hommes illustres par l'intelligence, la naissance, le courage, la grandeur d'âme, ont vu, brillants météores, s'y dérouler une page heureuse ou funeste de leur vie ; et combien de fois la France, exaltée par les voix éloquentes de ses orateurs, ne s'y est-elle pas laissé entraîner, dans sa fièvre de liberté, à des fautes qui n'ont pu être rachetées qu'avec du sang !...

Avant d'entreprendre la description du palais qui nous occupe, voyons d'abord quelle est l'origine du quartier dans lequel ce palais fut fondé.

Vers le milieu du vi^e siècle, on apercevait au midi de Paris, isolée dans la campagne, entourée de la verdure des prés et des bois, une forteresse crénelée avec bastions, fossés et ponts-levis, que dominaient de beaux et élégants clochers.

Ce monument, ayant apparence d'une citadelle, avec murailles flanquées de tours, n'était autre que la riche abbaye de Saint-Vincent, ou de Saint-Germain-des-Prés. Ces clochers, s'élevant mystérieusement vers le Ciel, étaient ceux de la fameuse église abbatiale d'où les Scandinaves furent repoussés la nuit, par des bruits funèbres, lorsqu'ils vinrent piller son sanctuaire abandonné.

Childebert, troisième fils de Clovis, revenant d'Espagne, avait, à l'instigation de saint Germain,

1.

évêque de Paris, fait bâtir en 543, non loin des murs de la cité, la basilique de Saint-Vincent, pour y déposer les reliques de ce saint, qu'il avait rapportées de Valence.

Ce fut lui qui, peu de jours avant de mourir, donna à l'Abbaye sa charte de fondation, charte puissante, car elle contenait la donation du fief d'Issy, qui s'étendait jusqu'au ruisseau de Sèvres, en passant au-dessus de Meudon. Cette charte investissait l'abbé d'une puissance presque souveraine, puisqu'elle étendait son autorité sur la grande moitié de la partie méridionale de Paris.

On connaît toute l'autorité de l'abbé de Saint-Germain-des-Prés; on sait qu'il avait son prévôt, ses archers, sa police, sa prison; qu'il jouissait des droits de déshérence, d'aubaine, de confiscation et autres droits féodaux; qu'en un mot, sa juridiction spirituelle et temporelle s'exerçait dans tout le bourg de Saint-Germain.

Il conserva cette juridiction jusqu'en 1668, époque à laquelle M. de Péréfixe obtint que les droits de l'abbé seraient restreints à l'enclos de son monastère, à la condition, toutefois, que le prieur de l'abbaye serait vicaire-général né et perpétuel de l'archevêque. Quant à la juridiction temporelle, l'abbé la perdit également sous le règne de Louis XIV par l'édit de 1674, suivant lequel le roi supprima les justices particulières de **Paris** et les réunit au Châtelet.

Du sommet des tours de l'abbaye on découvrait, au levant, Paris déjà riant, déjà beau, mais encore enveloppé dans les voiles de la barbarie ; au couchant, la campagne, des bois immenses, des prés, des champs, du sein desquels sortit un jour le faubourg Saint-Germain.

Sur le territoire de l'abbaye, l'Université, cette autre puissance, posséda plus tard une seigneurie appelée le Pré-aux-Clercs, que les rois de France, ses fondateurs, lui avaient donnée en pleine propriété, sans aucune servitude, et comme terre de franc-alleu.

Le Pré-aux-Clercs, ainsi nommé parce qu'il servait, dans ce temps, de promenade aux écoliers appelés clercs, fut célèbre, on le sait, parce qu'il était le théâtre des galanteries et des combats singuliers. Il s'étendait depuis l'endroit où débouche aujourd'hui la rue Mazarine jusqu'au-delà du marais qu'occupe actuellement l'esplanade des Invalides. Il était divisé en deux parties fort inégales, séparées par un canal appelé la Petite-Seine, qui commençait à la rivière de Seine et allait finir dans les fossés de l'abbaye Saint-Germain.

La partie orientale, placée entre la clôture de l'abbaye et la ville, c'est-à-dire dans l'espace compris aujourd'hui entre les rues Mazarine et des Petits-Augustins, et entre la rue du Colombier et le quai Malaquais, s'appelait le petit Pré-aux-Clercs, et celle s'étendant le long de la Seine, vers le couchant, le grand Pré-aux-Clercs.

La propriété de l'abbaye, située à l'extrémité de la ville, ne retentit d'abord que des chants religieux des moines, qui y vivaient paisibles, à l'ombre des autels et défendus par leurs vertus et leurs prières, autant que par leurs tours crénelées.

Mais bientôt, avec l'esprit turbulent du XIIe siècle, s'élevèrent des querelles entre deux grandes puissances de cette époque : l'Université et l'Abbaye. Dès l'an 1163, les écoliers avaient choisi le pré voisin de l'abbaye de Saint-Germain-des-Prés pour se livrer à leurs jeux. Turbulents et querelleurs, ils ne tardèrent pas à inquiéter les religieux ; l'Université, sans examiner s'ils avaient tort ou raison, les soutint. Il fallut tout le pouvoir du pape Alexandre III et du concile de Tours pour leur imposer une première fois silence. Ces querelles, qui ne faisaient que de naître, se renouvelèrent bientôt, à tel point qu'en 1192 les écoliers, regardant, malgré le jugement solennel d'un concile présidé par le pape, comme un droit de propriété la faculté d'aller se récréer dans le pré de l'abbaye, y commirent des désordres tels, que les habitants du bourg Saint-

Germain voulurent les chasser ; les écoliers se mirent en défense, et l'un d'eux fut tué. L'Université irritée porta plainte contre l'abbé et les religieux, bien qu'il n'y eût aucune preuve qu'ils eussent pris part à ce démêlé. On envoya des députés se plaindre à Rome. L'abbé Robert pria le fameux Étienne, évêque de Tournai, d'écrire au cardinal Octavien, évêque d'Ostie, pour démontrer au pape le bon droit de l'abbaye.

Étienne écrivit, et l'affaire n'eut pas de suites cette fois.

Cependant, avec le temps, l'usage qu'avaient les écoliers d'aller se promener au Pré-aux-Clercs devint pour eux un droit. Un règlement de 1215 porte cette décision : « Quant au pré Saint-Germain, au-« trement dit le Pré-aux-Clercs, il est dit qu'il res-« restera aux écoliers dans l'état qu'il leur a été « adjugé. »

Le 4 juillet 1548, les écoliers se portèrent de nouveau contre l'abbaye Saint-Germain, l'assiégèrent, firent des brèches aux murailles du grand clos et des jardins, en brisèrent tous les arbres fruitiers, les treilles, etc. Ils firent aussi de pareils dégâts dans la ferme et même dans quelques maisons voisines bâties sur le petit Pré-aux-Clercs.

Le 9 juillet, le parlement ordonna qu'il serait fait des informations. Cette mesure n'empêcha pas les écoliers de se porter encore, en janvier 1549 et mai 1550, sur les bâtiments, et de renouveler chaque fois leurs dévastations.

Toutes ces querelles se terminèrent par un véritable combat dans lequel plusieurs écoliers furent tués par les vassaux de l'abbaye. C'était en 1557. Les écoliers, dont la violence ne connaissait plus de bornes, après avoir brûlé et démoli des maisons du Pré-aux-Clercs, attaquèrent les domestiques et les vassaux de l'abbaye. Les archers envoyés pour mettre un terme à ces violences furent repoussés. Les chefs de l'Université, mandés par le Parlement, exposèrent, dans de longs discours en latin, qu'ils ne pouvaient être accusés de ces désordres, n'étant plus maîtres des écoliers. Le roi menaça d'envoyer des hommes d'armes pour réduire les mutins, et fit défendre aux écoliers, régents et *martinets* (élèves externes), de quelque nation qu'ils fussent, de se rendre au Pré-aux-Clercs, ordonna aux écoliers martinets d'entrer dans six jours dans les colléges, aux écoliers natifs des pays étrangers de sortir dans quinze jours du royaume ; enfin, il mit le Pré-aux-Clercs en sa puissance.

Depuis cette ordonnance, les scènes de violence ne se renouvelèrent plus.

Le Pré-aux-Clercs ne fut pas seulement témoin de ces luttes ; il était aussi le théâtre de guerres privées, de combats judiciaires; et plus tard, les gentilshommes de France ne l'ensanglantèrent que trop souvent.

Le point d'honneur dans un duel consistait surtout, alors, à braver la loi qui le défendait sous peine de mort : l'exécution du comte de Boutteville, d'un Montmorency, leçons terribles données par le cardinal de Richelieu à la noblesse de France, ne purent empêcher que les domaines de l'abbaye ne fussent tous les jours témoins de ces combats. L'abbé de Saint-Germain, dans un but d'humanité et de piété, fit clore de murs ce terrain de prédilection pour les duellistes, et contribua, mieux que les divers édits de Richelieu et de Louis XIV, à calmer cette fureur sauvage.

Ce fut dans le grand Pré-aux-Clercs que l'armée d'Henri IV campa, en 1589, quand ce roi assiégea Paris. « Le mercredi, 1er jour de novembre, dit
« l'Étoile, après la prière faite dans le Pré-aux-
« Clercs, à la faveur d'un brouillard qui se leva
« comme par miracle, le roi surprit les faubourgs
« Saint-Jacques et Saint-Germain, et, sur les sept
« heures du matin, il se fit faire, au faubourg
« Saint-Jacques, dans la salle du Petit-Bourbon,
« un lit de paille fraîche sur lequel il reposa envi-
« ron trois heures. »

Le petit Pré-aux-Clercs était resté propriété de

l'abbaye de Saint-Germain jusqu'en **1368** ; mais, à cette époque, les guerres que les Anglais firent en France furent cause qu'on ordonna aux religieux de fortifier leur monastère. Il fut alors cédé à l'Université en échange de terrains que l'abbaye prit sur le grand Pré-aux-Clercs pour y creuser des fossés et entourer son enclos.

On vit bientôt le pré se couvrir d'habitations qui formèrent ce qu'on appelait le bourg Saint-Germain ; mais les guerres du xve siècle ruinèrent presque entièrement ce bourg. La charrue passa dans les lieux jadis couverts de bâtiments. Ce ne fut qu'en **1539** qu'on commença à le rebâtir.

Pour empêcher les usurpations qui se faisaient tous les jours sur le petit Pré-aux-Clercs, et pour en retirer quelque profit, l'Université résolut de le vendre à cens et à rentes pour y bâtir des maisons, ce qu'elle fit plus tard du grand Pré.

On sera peut-être curieux de savoir que le premier contrat d'aliénation du petit Pré-aux-Clercs fut passé, par l'Université à Pierre Le Clerc, vice-gérant des conservateurs des priviléges apostoliques de l'Université, en **1540**. Le Clerc, à son tour, disposa de **15** à **16,000** toises de ce pré en faveur de neuf particuliers, à la charge de cens envers l'Université et d'une rente applicable à son profit, en proportion avec la quantité de terre qu'il cédait. Ce procédé fit murmurer quelques officiers de l'Université. Pour les apaiser, Le Clerc subrogea l'Université en son lieu et place, à condition qu'elle entretiendrait les sous-baux faits par lui, et qu'elle lui laisserait la propriété du terrain qu'il s'était plu à clore de murs. C'est sur ces terrains que l'on vit bientôt s'ouvrir les rues du Colombier et des Marais.

Sous le règne de François Ier, on pava quelques-unes de ces rues. En 1609, Marguerite de Valois ayant acheté de l'Université six arpents pour y bâtir un hôtel, son exemple fut bientôt suivi, et, vers la fin du règne d'Henri IV, le petit Pré-aux-Clercs était entièrement couvert d'habitations et d'hôtels avec jardin. Ce fut sous ce roi que fut ouverte la rue des Petits-Augustins.

Le grand Pré-aux-Clercs se transforma moins rapidement. Etant devenu inutile à l'Université, qui en était propriétaire, ce corps demanda, le 7 septembre 1629, à la cour du Parlement, la permission de vendre à cens et à rentes certaines places du dit pré, depuis la rue des Saints-Pères, et trois arpents au-delà, jusqu'au clos des Barbiers. Ces ventes eurent lieu successivement, et peu après on vit les prairies, les clos, commencer à se couvrir de couvents, de maisons, d'hôtels, de larges rues. Le Chemin-aux-Vaches se trouva transformé en une rue qui prit le nom de Saint-Dominique, et l'on vit commencer les rues de Bourbon et de Verneuil. Mais ces rues furent ouvertes, et les constructions s'exécutèrent sans plan, sans règle. Chacun bâtissait sur son terrain, ne s'assujétissant à aucun alignement et suivant les ondulations des anciens chemins. Malgré l'envahissement si rapide de ces terrains par les habitants de Paris, le faubourg Saint-Germain, sous Louis XIII, ne s'étendait pas au-delà de la rue du Bac, et même la partie de cette rue située devant l'église Saint-Thomas-d'Aquin (l'ancien couvent des Jacobins réformés) n'avait point été élevée ; mais la cour de France, devenue sous Louis XIV plus nombreuse et plus brillante, ne tarda pas, pour être plus à proximité du château des Tuileries, à choisir de préférence le vaste terrain que lui offrait cette extrémité de Paris pour y bâtir ces demeures magnifiques qui en firent, en moins d'un siècle, la partie la plus considérable et la plus belle de la capitale.

Toutefois, à la mort du grand roi, il n'y avait pas encore un hôtel sur la rive gauche de la Seine depuis la rue du Bac jusqu'aux Invalides. Un vaste terrain nommé la Grenouillère, sur lequel s'élevait plusieurs petites maisons de pauvre apparence, occupait toute cette partie méridionale de Paris; mais vers **1700** l'hôtel de la première compagnie des

Mousquetaires, situé entre les rues de Beaune, de Verneuil, du Bac et de Bourbon, se trouva en si mauvais état, que sur la représentation du prévôt des marchands et les Échevins de Paris, le Conseil d'Etat du Roi, par un arrêt du 7 août 1707, ordonna qu'il serait construit un nouvel hôtel pour le logement de cette compagnie sur le quai d'Orsay, en face de la rivière de Seine.

Les difficultés qu'on éprouva à faire l'acquisition des terrains firent suspendre ce dessein. Cependant, la caducité de l'hôtel des Mousquetaires ayant augmenté, Sa Majesté, par un arrêt de son Conseil du 21 mai 1715, permit au prévôt des marchands et Échevins de la ville de Paris d'emprunter jusqu'à la somme de 200,000 livres pour être employée aux réparations de cet édifice.

Enfin, comme on s'aperçut, après un nouvel examen, que toutes les réparations deviendraient inutiles, parce que les fondations, les voûtes des caves et partie des gros murs, planchers et combles qu'on s'était proposé de conserver, se trouvaient ruinés et hors d'état de servir, et que la dépense s'élèverait à 500,000 livres, les dits sieurs prévôt des marchands et Echevins firent leurs remontrances au Roi et à S. A. R. Monseigneur le duc d'Orléans, régent du royaume, et indiquèrent une place, dans le même quartier, même rue et même aspect que celle ordonnée par le feu roi, pour bâtir à neuf cet hôtel.

Sur ces remontrances, S. A. R. donna ses ordres par écrit au duc d'Antin, surintendant des bâtiments du Roi, d'en faire l'acquisition pour y élever, dans la suite, les constructions nécessaires.

Ce fut en conséquence de ces ordres que le duc d'Antin acheta de Jean-Jacques Decombaux, prêtre, docteur en théologie de la faculté de Paris, une place située rue de Bourgogne et sur le quai d'Orsay, contenant en superficie 5,296 toises, à raison de 50 livres la toise superficielle. Le contrat en fut passé en l'hôtel du duc d'Antin, le 31 octobre de l'an 1717. Ce contrat de vente fut approuvé, confirmé et homologué par lettres patentes du Roi données à Paris le 12 février 1718, et enregistrées au Parlement le 19 mars de la même année.

Par ces lettres, le roi ordonna aussi qu'il serait incessamment procédé à la vente et adjudication du bâtiment de l'ancien hôtel des Mousquetaires de la première compagnie, appelé ci-devant halle Bosbac, par devant le prévôt des marchands et Échevins, au plus offrant et dernier enchérisseur, en la forme accoutumée, avec pouvoir à ceux qui seraient adjudicataires d'y établir un marché public avec douze étaux de boucher, échoppes et étalages convenables, pour en jouir à l'instar des autres marchés et étaux de Paris, suivant le tarif qui en a été accepté en Conseil. Le commerce qui s'y fit fut celui des grenouilles, cette marchandise si goûtée de nos pères. Le prix de cette vente était destiné à payer en partie les constructions du nouvel hôtel.

Mais l'hôtel projeté ne devait pas être bâti sur le terrain dont on venait de faire l'acquisition, car sur ce qui fut représenté au roi que, dans l'obligation où l'on avait été d'assujétir à cette place le plan que S. M. avait ordonné de dresser, il ne se trouvait pas encore assez de profondeur pour distribuer tant de bâtiments nécessaires, avec les proportions convenables, S. M. ordonna, au mois de juillet 1729, aux sieurs de Coste et Beausire, ses architectes, d'en faire un nouveau plan. Le plan ayant été approuvé par le roi, les deux architectes représentèrent à S. M. qu'ils ne sauraient l'exécuter qu'en l'étendant vers l'occident et en prenant des terrains, propriété de madame la duchesse douairière de Bourbon, que l'on pourrait échanger avec d'autres appartenant à S. M., au même lieu.

Le Roi, par arrêt de son conseil d'Etat, du 10 août 1729, ordonna que les dites places seraient toisées et estimées par ses deux architectes, lesquels trouvèrent que 3,033 toises, appartenant à la duchesse, devaient nécessairement entrer dans l'emplacement du dit hôtel, et les estimèrent 151,650 livres à 50 livres la toise. Ils firent pareillement toiser une place appartenant au Roi, inutile au plan du dit hôtel, contenant 3,312 toises, qu'ils estimèrent 198,720 livres, à raison de 60 livres la toise ; ils conclurent, pour rendre cet échange égal, que madame la duchesse douairière de Bourbon devrait au roi la somme de 47,070 livres.

Le roi ordonna l'exécution du plan, approuva et homologua l'échange réglé par ses architectes, par arrêt du conseil d'Etat, tenu à Paris le 1er septembre 1719, et par des lettres patentes données à Paris le 2 septembre, enregistrées au Parlement le 6 du même mois de la même année.

Tous ces projets ne reçurent pas d'exécution, les finances de l'Etat étant trop obérées. Le régent chercha à éviter cette nouvelle dépense. On se contenta de restaurer au lieu de construire. L'ordonnance de Louis XIV fut annulée, et tout projet d'un nouvel hôtel des Mousquetaires ajourné indéfiniment.

L'ancien hôtel fut restauré et rebâti, pour ainsi dire à neuf, et il ne fut plus question d'en élever un nouveau à la Grenouillère.

Le terrain pris à la duchesse de Bourbon lui fut rendu. Nous verrons plus tard ce qu'elle en fit.

Cette partie de la rive gauche de la Seine, que Boucher d'Orsay, prévôt des marchands, avait dotée, en 1714, d'un quai, ne resta pas cependant abandonnée. En 1714, Germain Boffrand, célèbre architecte de Nantes, séduit par l'admirable position de ce terrain, avait fait construire un grand et magnifique hôtel en face de la rivière. Cet hôtel, en regard de l'extrémité du jardin des Tuileries, avait son entrée dans la nouvelle rue de Bourbon et des jardins, sur le bord de la rivière.

Il le vendit, en 1716, au marquis de Torcy, qui revenait de ses ambassades.

Celui-ci décida son cousin, le marquis de Seignelay, à acheter un second hôtel de moindre étendue, et, comme le premier, que Boffrand avait fait bâtir, séparé de la Seine par des jardins. L'entreprise était hardie. Ces deux hôtels se trouvaient isolés; car, pour aller trouver la rive droite, il fallait revenir à la rue du Bac. Mais on savait que le prévôt des marchands voulait jeter un grand pont et tracer une place magnifique à l'entrée des Champs-Elysées. Il devenait certain qu'une fois ces travaux exécutés, la position des nouveaux hôtels de la rive gauche deviendrait admirable, et c'est là ce que les descendants du grand Colbert n'avaient pu manquer de comprendre.

Leur exemple fut bientôt suivi par la princesse de Conti.

— Cette princesse, d'ailleurs fort pieuse, se prenait

volontiers de querelle avec toute sa famille, et, pour en éviter les occasions, elle résolut de faire bâtir, loin de l'hôtel de Conti, une maison commode, à la suite de l'hôtel de Seignelay.

Les plans furent dressés, les murs élevés, les plafonds, les lambris disposés, tout cela non sans peine. La princesse de Conti écrivait : « Madame « la princesse palatine bâtit une maison bien loin « de la sienne; quand ils sont bien ensemble, elle « et son fils, on renvoie les ouvriers; quand la « bonne intelligence cesse entre eux, on double les « ouvriers, on les fait travailler à force : de sorte « qu'on peut juger, au plus ou moins d'activité des « travaux, comment elle est avec son fils... » Ces lignes sont de **1716**. Mais, avant l'achèvement de l'hôtel, il y eut à l'hôtel Conti réconciliation complète, et la maison commencée fut vendue au duc du Maine.

Voilà donc, sur la rive gauche de la Seine, vers les Invalides, trois hôtels : les hôtels Torcy, de Seignelay et du Maine. Il faut y ajouter, en **1721**, l'hôtel du maréchal d'Humières, qui ouvre encore aujourd'hui la rue de Bourgogne.

On construisait cet hôtel lorsque Madame la duchesse de Bourbon fit l'acquisition, de M. Mandar, de tous les terrains qui s'étendaient jusqu'au marais des Invalides.

Telles sont, en peu de mots, l'origine et l'histoire du quartier Saint-Germain.

Inspirée par M. le comte de Lassey, attaché à M. le duc, dont il partageait tous les plaisirs, Madame la duchesse voulut faire bâtir un palais sur le bord de la Seine, en face du pont que l'on attendait de M. le prévôt des marchands. Elle fut séduite par l'idée d'habiter un endroit écarté, voisin cependant de la ville et dans une position admirable. Mais, comme le comte de Lassey eût été trop éloigné d'elle le jour où sa splendide demeure serait terminée, elle lui céda une partie de ses terrains du côté des Invalides, afin qu'il pût faire élever un hôtel semblable au sien, à condition qu'il resterait dans la dépendance du palais, et que plus tard les princes, ses enfants, pourraient le réclamer.

On commença les travaux du Palais-Bourbon en 1722; Girardini, architecte italien, en fut chargé. Il lui fut prescrit d'imiter les nouveaux palais de Rome et de Florence. Quand les projets furent terminés et approuvés, les ouvriers se mirent à l'œuvre. La duchesse abandonna à Lassey la direction des travaux.

La résidence des Condé était alors un vaste bâtiment qui occupait, dans le voisinage du Luxembourg, l'emplacement où nous voyons aujourd'hui le théâtre de l'Odéon.

2

Le nouveau palais fut établi, comme nous l'avons dit, sur les terrains possédés par Madame la duchesse sur les bords de la Seine, terrains qui furent encore agrandis par l'acquisition de ceux précédemment cédés au roi en 1722.

Du côté de la Seine, une terrasse dominait le cours du fleuve ; un élégant portique, rue de l'Université, servait d'entrée à une vaste cour plantée de marronniers ; à la suite était la cour d'honneur. Ce palais, composé d'un seul rez-de-chaussée, se terminait, à droite et à gauche, par deux pavillons ; on avait placé sur le bâtiment principal un groupe représentant le Soleil sur son char, entouré des Saisons. Les statues des muses décoraient les deux ailes ; à gauche, des bosquets et des parterres habilement dessinés séparaient ce palais de ses dépendances et de l'habitation construite à la même époque par M. le comte de Lassey.

La façade sur le quai subsista longtemps après la construction du pont ordonné par Louis XVI, bien que la nécessité où on se trouva d'exhausser le sol du quai à cette époque, en eût masqué presque totalement le soubassement.

La grande porte et les deux pavillons qui l'accompagnaient avaient vingt-six ou vingt-sept toises de face, et le tout ensemble formait une demi-lune. Sur la porte étaient les armes de la princesse, portées par deux génies au milieu des nuages ; sur les piédestaux placés du côté de la cour, on voyait deux statues assises, représentant Minerve et Mars.

Les deux pavillons servaient, l'un au logement des femmes-de-chambre de la princesse, et l'autre aux cuisines et offices.

L'avant-cour avait trente-six toises et demi de profondeur sur trente de largeur. Elle était séparée, par une balustrade, d'une cour d'honneur de vingt-quatre toises de longueur sur dix-neuf de large.

Les appartements étaient vastes, commodes et ornés avec une magnificence convenable aux usages auxquels ils étaient destinés. Un immense vestibule conduisait à une grande antichambre ; la salle à manger ensuite, puis le salon, la chambre de parade, un grand cabinet, une garde-robe, l'appartement des bains ; deux autres appartements complets et une galerie. On était ébloui par l'éclat des plafonds et par la richesse des meubles de ces appartements. On n'y remarquait que deux tableaux : l'un le portrait de Louis XIV à cheval, peint par Lebrun, l'autre un portrait de Louis XV, par Watteau.

Ce Palais, du côté du jardin, présentait une façade d'environ 40 toises, produisant un grand effet malgré le manque d'harmonie de l'entablement brisé aux deux pavillons.

Le jardin se composait de parterres, de broderies

et de gazons, de boulingrins et de bosquets. Il était bordé par une terrasse de soixante-douze toises qui régnait sur le quai d'Orsay et sur la rivière de Seine.

Le comte de Lassey fit commencer son hôtel seulement en 1724 ; il fut bâti dans le même alignement que le Palais-Bourbon et sur les mêmes dessins. Seulement, comprenant qu'il y avait un défaut de proportion dans les deux pavillons de l'entrée avec le corps de l'édifice, il dispensa Girardini de les répéter. Au lieu de l'avant-cour du Palais-Bourbon, on arrivait par une avenue de quarante toises de longueur, fermée par des murs et des bâtiments. Cette avenue était plantée de deux allées de marronniers. A droite se trouvaient la basse-cour, les cuisines et leurs dépendances ; à gauche, les écuries, les remises, les logements des écuyers, palefreniers, pages.

Au bout de l'avenue était la cour. En face, l'hôtel, qui se composait d'un vestibule d'ordre corinthien, d'un cabinet d'étude, séparé de la galerie par une chambre à alcôve. Le vestibule donnait aussi accès à une autre chambre. On voyait là une pendule indiquant les phases de la lune, les mois, les jours et les heures.

L'antichambre était séparée de la galerie par la salle à manger, dont le caractère était sévère ; des lambris, rehaussés d'éclatantes dorures, offraient l'imitation des plus beaux marbres. La porte en face conduisait au grand cabinet de travail, celle de gauche à la galerie. Cette galerie fut un constant objet d'admiration et de curiosité pendant le dernier siècle.

La galerie et le cabinet subirent diverses transformations sous les princes de Condé.

Vers le point opposé à la galerie, à droite, s'ouvrait le salon boisé splendidement, incrusté de ciselures et de dorures, orné des meubles les plus magnifiques. Il était suivi de la chambre à coucher, tendue, l'hiver, de tapis des Gobelins et ornée de médaillons coloriés d'après les plus jolis tableaux de Boucher. L'appartement était terminé par un cabinet de travail, un boudoir, et deux chambres à coucher.

Quand le palais et l'hôtel furent à peu près terminés, on acheta les ouvrages d'art les plus estimés ; et comme la duchesse souffrait de ne pas faire le partage de ces chefs-d'œuvre avec Lassey, celui-ci trouva le moyen de la consoler, et demanda la permission de faire exécuter, par de bons artistes, la la copie de tous ses tableaux, qui seraient réunis dans son palais. « On assure, dit cependant l'au-« teur de l'*Histoire de Perse,* qu'on voyait dans « cet hôtel les tableaux originaux d'un très-grand

« prix, tandis qu'il n'y avait que des copies dans
« celui de la duchesse. »

Les deux palais communiquaient par une porte
secrète et une galerie souterraine qui existent encore aujourd'hui.

Cet hôtel Lassey fut depuis appelé hôtel de Brancas, parce qu'il tomba par succession dans les mains
du duc de Villars-Brancas.

La comte de Lassey, n'ayant pas d'enfants, dota
sa nièce, la fille de Madame-d'O, en la mariant
au fils du duc de Villars-Brancas. Cette noce se
fit au Palais-Bourbon, chez madame la duchesse.
A sa mort, il lui laissa sa fortune.

Le prince de Condé étant devenu, par succession,
propriétaire de l'hôtel de Bourbon, jugea cette
résidence plus agréable que l'ancienne demeure
de ses pères, enclavée, comme nous l'avons dit,
dans des rues étroites.

Aucune situation ne pouvait, en effet, mieux
convenir à un palais ; car une communication di-
recte le réunissait avec le faubourg Saint-Germain,
le faubourg Saint-Honoré et les rives de la Seine,
qui, s'étendant à droite et à gauche, joignaient à
l'avantage d'offrir des abords larges et faciles, celui
de présenter un admirable rideau de verdure formé
par les beaux arbres des Tuileries et des Champs-Elysées, coupé seulement par la place Louis XV. Mais

cet édifice, primitivement construit, en **1722**, était loin de pouvoir suffire au logement du prince de Condé et des nombreux gentilshommes, officiers et serviteurs de sa magnificence presque royale. Cette magnificence consistait, surtout alors, dans le nombre des *domestiques*, parmi lesquels figuraient des gentilshommes, des aides-de-camp, des écuyers, des pages, tous de noble race.

Après avoir réuni à son palais l'hôtel Lassey, devenu, comme nous l'avons dit, l'hôtel de Brancas, et tout le terrain qui pouvait lui être nécessaire, le prince de Condé l'agrandit depuis l'an **1765**, époque où recommencèrent les travaux, jusqu'à l'année **1777**. Les architectes qui dirigèrent ces divers travaux furent Marie-Joseph Peyre, Carpentier, Barreaux, Gabriel, et Lepère. Bellizard les acheva et régla tous les mémoires des entrepreneurs. Ce règlement fut terminé en **1777**.

Alors le prince quitta son ancienne résidence pour venir habiter son nouveau palais.

Chantilly n'en resta pas moins la demeure favorite des princes de Condé : c'était leur Versailles, et le Palais-Bourbon ne fut habité que peu de temps chaque année.

Après sa rentrée en France, en **1815**, le prince de Condé occupa l'hôtel Lassey, qu'il retrouva à cette époque dans un très-mauvais état, et fort mal meublé. Ce prince, né à Chantilly le **7** août **1736**, mourut dans cet hôtel le **13** mars **1818**, et y fut exposé dans le grand salon transformé en chambre ardente pendant plusieurs jours.

Nous allons esquisser maintenant ce que devint le **Palais-Bourbon** pendant et après la révolution de **1793.**

Le prince de Condé, le duc de Bourbon, son fils, et le duc d'Enghien, son petit-fils, quittèrent la France, et le Palais-Bourbon devint, en **1790,** la propriété de l'Etat, par suite du décret qui prononça la confiscation des biens des émigrés.

La convention Nationale affecta, par un décret du deuxième jour complémentaire an III, le ci-devant Palais-Bourbon au Conseil des Cinq-Cents; mais comme il ne s'y trouvait pas de salle susceptible d'être consacrée à leurs séances, MM. Gisors et Lecomte furent chargés d'en construire une en face du pont de la Concorde, et sur l'emplacement même de l'hôtel bâti pour la duchesse de Bourbon, dont on ne conserva que la façade sur le quai.

Sous le Directoire, on en fit l'inauguration avec pompe; le conseil des Cinq-Cents siégea dans cette salle, entièrement construite en charpente, recouverte en stuc, jusqu'à sa destruction en l'an VIII.

Sous la tribune, en marbre, des orateurs, on avait placé dans une boîte en plomb, retrouvée à l'époque de la démolition et déposée aux archives de l'Assemblée :

1° Deux pièces de cinq francs, l'une de l'an iv, l'autre de l'an v de la République ;

2° Deux médailles octogones en argent, portant pour exergue, d'un côté, Républiqeu française ; au bas, Représ. du Peuple, l'an v, et dans un champ un faisceau surmonté d'un bonnet de la Liberté ; derrière le faisceau, une lyre enlacée de branches de chêne et de laurier, et, au pied, deux cornes d'abondance.

L'autre face portait en exergue : Conseil des Cinq-Cents ; dans le champ, une table de la loi posée sur une équerre, et sur laquelle était écrit : Constitution de l'an iii ; le tout entouré d'un serpent se mordant la queue, symbole de l'éternité ; au bas, le nom du président des Cinq-Cents, F. Villers.

3° Une médaille en plomb, portant d'un côté, dans le champ : Représentation du Peuple, de l'autre Rép. F.—Conseil des Cinq-Cents ;

4° Deux gros sols en cuivre d'un décime ;

5° Deux autres sols de cinq centimes ;

6° Un manuscrit contenant la constitution de l'an iii.

Ce manuscrit tomba en poussière à l'ouverture de la boîte.

7° Une plaque en cuivre avec cette inscription :

LA CONVENTION NATIONALE A ORDONNÉ
CE MONUMENT PAR UN DÉCRET DU 2e JOUR
COMPLÉMENTAIRE AN III DE LA RÉPUBLIQUE
FRANÇAISE, POUR EN FAIRE LE LIEU DES
SÉANCES DU CONSEIL DES CINQ-CENTS.
GISORS ET LECOMTE EN FURENT LES ARCHITECTES;
LE CONSEIL DES CINQ-CENTS, DANS SA
DEUXIÈME SESSION, LE 26 BRUMAIRE AN VI
DE LA RÉPUBLIQUE FRANÇAISE, FIT POSER CETTE
INSCRIPTION, SOUS LA PRÉSIDENCE DU CITOYEN VILLERS,
ET SOUS LA DIRECTION DES CITOYENS TALOT,
JACOBIN, MARTINET, LAA ET CALÈS, MEMBRES
DE LA COMMISSION DES INSPECTEURS,
POUR CÉLÉBRER LA CONFECTION DE CET ÉDIFICE.

La salle construite pour les Cinq-Cents servit successivement : au Corps Législatif, institué par la Constitution de l'an VIII; à la Chambre des Députés de 1814; à celle des Représentants de 1815; puis à la Chambre des Députés jusqu'en 1828, époque à laquelle sa démolition fut ordonnée, par suite de son état de vétusté, ainsi que nous allons l'expliquer.

Des actes réguliers, une loi du 3 nivôse an VIII et une ordonnance du 4 juin 1814, avaient réservé au Corps Législatif et à la Chambre des Députés la jouissance du Palais-Bourbon. Toutefois, une autre ordonnance royale du 24 mai 1814 avait remis M. le prince de Condé en possession de son palais. Cette ordonnance, rendue dans la pleine jouissance de l'autorité royale, avant l'octroi de la Charte, fut considérée comme devant affranchir le palais de la disposition de la loi du 5 décembre 1814 sur la restitution des biens d'émigrés, qui exceptait de la remise les propriétés affectées à un service public.

Quoi qu'il en soit, le 16 avril 1816, S. A. R. loua par bail, à la Chambre, la partie du palais occupée par l'Assemblée, pour la somme de 154,000 francs, y compris les contributions.

Mais ces bâtiments furent bientôt reconnus insuffisants, et l'on fut obligé d'établir au dehors le président.

On loua d'abord à cet effet, en 1820, l'hôtel de M. le duc de Trévise, sis rue de Bourbon, n° 88, à raison de 30,000 francs par année; puis, en 1826, on transporta la présidence à la place Vendôme, dans l'hôtel n° 19, dont le loyer fut fixé à 29,000 francs. La présidence y demeura jusqu'en 1832, époque de la translation définitive au palais de la Chambre dans l'hôtel Lassey, par suite d'un bail passé avec l'administration des domaines de M. le duc d'Aumale, héritier du prince de Condé, à raison d'un loyer de 22,350 francs, y compris diverses charges.

Pendant plusieurs années, la Chambre ne posséda donc le local de ses séances qu'à titre de locataire; on sentait combien cette situation était incompatible avec la dignité de l'Assemblée, et on s'occupa de la faire cesser. Une commission spéciale fut nommée en janvier 1827, pour étudier la question. Les conclusions présentées par M. Héricart de Thury tendaient à faire émettre le vœu que l'état précaire dans lequel se trouvait la Chambre ne se prolongeât pas davantage. Elles furent adoptées le 12 février 1827.

Le 23 avril 1827, un projet de loi de crédit fut présenté et la loi votée le 20 juin suivant.

Ce premier achat, qui ne comprenait que la salle des séances, tous les bâtiments qui entouraient la cour principale et les cours Sully et Montesquieu, coûta, aux termes de cette loi, 5,250,000 fr.

Dès 1839, la commission de comptabilité avait proposé d'acquérir la totalité du Palais-Bourbon. La Chambre se contenta d'abord d'enregistrer cette proposition (22 juillet 1839), par des motifs qu'il nous semble inutile d'indiquer ici.

Mais, en 1840, une commission spéciale nommée sur la demande de la commission de comptabilité conclut, le 18 juin 1840, sur la proposition de M. Galis, son Rapporteur, à l'acquisition. Ces conclusions obtinrent immédiatement un vote favorable.

Le 17 avril 1843, on apporta un projet de loi pour réaliser ce vœu enfin converti en loi le 30 juin suivant. Un crédit de 5,045,475 francs y fut consacré, et c'est depuis lors seulement que le domaine public devint propriétaire de la totalité de l'immeuble, et que le partage en fut réglé entre la Chambre et l'hôtel du Ministère des affaires étrangères.

Nous n'avons pas voulu interrompre le récit des diverses phases qui se succédèrent depuis l'an iii jusqu'en 1843, époque à laquelle le Palais-Bourbon devint en totalité la propriété de l'Etat. Mais comme son histoire ne serait pas complète si nous n'entrions dans quelques détails et sur les diverses administrations publiques qui en occupèrent tour à tour certaines parties, et sur les principaux évènements dont il fut le théâtre, nous allons tâcher de développer tous ces faits le plus succinctement possible.

Les Cinq-Cents n'occupèrent pas le Palais-Bourbon en entier. La Convention avait donné une autre destination aux nombreux bâtiments qui en formaient les dépendances, et cette destination prouvait que les principes de 1793 commençaient à être désavoués par ceux-là même qui y avaient le plus applaudi. La Commission avait, par une loi du 21 ventôse an ii (11 mars 1794), institué une *Commission des travaux publics*. Cette commission avait pour objet de rassembler les débris des écoles d'artillerie, des ponts-et-chaussées, de la marine, des mines et du génie militaire. La tâche était difficile après la dispersion presque complète des éléments qui composaient ces écoles justement célèbres. Par bonheur, parmi les hommes dont la science avait trouvé grâce devant les niveleurs de 93, en adoptant l'exaltation de leurs principes, se trouvèrent Lamblardie, directeur de l'école des ponts-et-chaussées, et Monge, le plus savant professeur de l'école du génie militaire de Mézières. Monge faisait partie d'une commission de savants attachée au comité du salut public, et Lamblardie n'eut pas de peine à le déterminer à se réunir à lui pour sauver la science en péril. Ils trouvèrent deux puissants appuis dans Carnot et Prieur de la Côte-d'Or, et ce fut sous l'inspiration de ces hommes de savoir et de résolution tout à la fois, que la Convention institua une *école centrale des travaux publics*.

Cette école fut établie dans les bâtiments du Palais-Bourbon, cour des Ecuries et cour des Remises; et comme elle reçut, par une loi du 15 fructidor an III (1er septembre 1795), le nom d'École Polytechnique, on peut dire que le Palais-Bourbon fut le berceau de l'École Polytechnique.

Là furent établis aussi, grâce aux ressources qu'offrirent le garde-meuble, l'académie des sciences et les maisons particulières, les instruments qui furent jugés utiles à la formation du cabinet de physique, du cabinet des modèles; les collections de minéralogie, le laboratoire de chimie, et la bibliothèque.

Les professeurs furent :

Analyse et mécanique...	LAGRANGE et PRONY.
Stéréotomie	MONGE et HACHETTE.
Architecture...............	DELORME et BALTARD.
Fortifications..............	DOBENHEIM et MARTIN DE CAMPREDON.
Physique...................	HAGENFRATZ et BARRUEL.
Chimie.....................	FOURCROY, VAUQUELIN, BERTHOLLET, CHAPTAL, GUYTON DE MORVEAU et PELLETIER.
Dessin.....................	NEVEU, MÉRIMÉE, LEMIRE, BOZIO.

Les bâtiments reçurent aussi la direction des ponts-et-chaussées et l'Université.

L'Empereur Napoléon fit plus tard de l'ancien Palais-Bourbon et de ses dépendances le lieu des séances du Corps Législatif.

En 1807, on démolit la seule façade qui eût été conservée de cet ancien Palais, et le péristyle que l'on voit aujourd'hui en face du pont de la Concorde fut construit par l'architecte Poyet.

A peine l'acquisition d'une partie du Palais, faite en 1827, fût-elle décidée, qu'il fallut procéder à la reconstruction de la salle des séances, qui, ainsi que nous l'avons déjà dit, avait été bâtie en l'an III, car elle menaçait ruine ; mais comme depuis long-temps on avait reconnu l'insuffisance des anciennes localités, l'administration décida que le nouveau projet comprendrait les augmentations nécessaires pour les nombreux services de la Chambre des Députés : tels que bureaux, commissions, grande et spacieuse bibliothèque, salles de réunions, galeries, et généralement une distribution mieux entendue de l'ensemble du Palais.

Le 18 août, les nouveaux plans dressés par M. de Joly, architecte, furent approuvés par M. le vicomte de Martignac, alors Ministre de l'intérieur.

L'importance et la durée des nouvelles constructions devant priver MM. les Députés, pendant plusieurs sessions, de leur salle d'assemblée, l'architecte du Palais fit construire une salle provisoire dans le jardin même. Cette salle, entièrement élevée en charpente, et terminée en quarante jours, servit aux sessions de 1830 et 1831. Elle fut démolie le 25 septembre 1832.

Ce fut dans cette salle que Louis-Philippe fut proclamé roi des Français, le 9 août 1830.

Les fondations du nouveau palais commencèrent le 2 décembre 1828. On ne démolit cependant l'ancienne salle que le 22 août 1829, et, pour perpétuer le souvenir de ces travaux, il fut placé avec pompe, sous la première assise du mur dossier de la salle des séances, une boîte en plomb renfermée dans une autre boîte en cèdre, dans laquelle on mit un grand nombre de médailles et de monnaies en or et en argent ; les plan, coupe et élévation du nouvel édifice, gravés sur une planche de cuivre, et aussi une autre plaque portant cette inscription :

SOUS LE RÈGNE
DE CHARLES X,
ROI DE FRANCE ET DE NAVARRE,
A ÉTÉ RECONSTRUITE
LA SALLE DES SÉANCES DE LA CHAMBRE DES DÉPUTÉS.

LE IV NOVEMBRE MDCCCXXIX,
LA PREMIÈRE PIERRE DE CET ÉDIFICE A ÉTÉ POSÉE
PAR SON EXCELLENCE
LE COMTE DE LA BOURDONNAYE,
MINISTRE DE L'INTÉRIEUR,
DÉPUTÉ DU DÉPARTEMENT DE MAINE-ET-LOIRE,
EN PRÉSENCE
DES DEUX QUESTEURS
PIERRE-MARIE COMTE DE BONDY,—GABRIEL-JACQUES LAINÉ DE VILLELÉVÊQUE
DÉPUTÉ DU Dt DE L'INDRE,   DÉPUTÉ DU Dt DU LOIRET,
DU VICOMTE HÉRICART DE THURY,
CONSEILLER D'ÉTAT, DIRECTEUR DES TRAVAUX PUBLICS,
ET DE JULES LE JOLY,
ARCHITECTE DE LA CHAMBRE DES DÉPUTÉS.

La révolution de juillet ayant éclaté avant la fin des travaux, ce fut M. le ministre du commerce et des travaux publics, M. le comte d'Argout, qui livra à MM. les Questeurs leur nouveau palais terminé le 21 novembre 1832.

Le 30 juin 1843, et lorsque l'Etat eut enfin acquis la totalité du Palais-Bourbon de monseigneur le duc d'Aumale, héritier de M. le duc de Bourbon, toute la partie de ce vaste palais, comprise entre la rue de Bourgogne et l'avenue de l'hôtel de la Présidence, fut appropriée aux besoins de la Chambre, au moyen de vastes galeries, autour desquelles l'architecte distribua tous les bureaux et Commissions nécessaires pour les travaux de l'Assemblée.

Il ne restait plus à cette époque, pour compléter l'ensemble de ce vaste palais, que de rendre à l'ancien hôtel Lassey, dégradé et dépouillé de toutes ses richesses, son ancienne splendeur.

M. de Joly, chargé de ce travail, en 1846, se trouva forcé de démolir tout l'intérieur de l'ancienne construction et de ne conserver que les façades dont la restauration était encore possible.

Le rez-de-chaussée, consacré entièrement aux grandes réceptions, décoré de lambris de hauteur richement sculptés dans le style Louis XV (régence), se compose d'une antichambre, d'une salle des huissiers dont les stucs imitent les marbres les plus précieux; de trois salons réunis entre eux par de doubles portes et de grandes arcades, dans le soubassement desquelles sont placées de riches cheminées en marbre blanc; de deux grands salons voûtés et tendus en damas de soie vert, dont l'un sert de salon de jeu et l'autre de cabinet d'apparat à M. le Président; d'un grand escalier monumental et d'un escalier pour le service particulier de M. le Président. Dans les deux pavillons sont disposés un élégant boudoir et autres pièces de service, et les cabinets du secrétariat de la Présidence.

Une galerie qui fait suite aux salons réunit ce rez-de-chaussée au palais du Corps Législatif.

La richesse des dorures, le luxe des bronzes, les porcelaines de Sèvres, les tapis et l'élégant mobilier dont ce rez-de-chaussée est meublé, en font une des plus brillantes habitations de la capitale.

Un jardin, planté à l'anglaise et formant terrasse, de laquelle on découvre les Champs-Elysées, la place Louis XV, la Madeleine et les Tuileries, complète l'ensemble de cet élégant hôtel.

Le premier étage, divisé en plusieurs appartements, est destiné à l'habitation particulière de M. le Président.

Tous les immenses travaux dont il vient d'être parlé ayant été terminés en 1848, il semblait que, dès ce moment, l'ancien Palais-Bourbon entièrement transformé, et approprié dans toutes ses parties au service des Assemblées législatives, ne dût plus subir désormais aucun changement, et n'eût qu'à pousuivre paisiblement son rôle politique. Il n'en fut pas ainsi, et bientôt les anciens accents de l'opinion républicaine s'y faisaient entendre de nouveau; avec eux s'ouvrit une nouvelle révolution.

En 1848, le nom de République fut encore une fois prononcé dans la salle des séances, à la stupéfaction presque générale, et la dynastie du roi Louis-Philippe, acclamée en 1830, fut renversée. Une Assemblée Constituante, pâle copie de l'ancienne, fut appelée à donner à la France une nouvelle Constitution, et la France, qui n'avait pas été consultée, s'empressa cependant, en ratifiant le rêve de quelques utopistes, d'élire l'Assemblée qui devait, disait-on, fixer à jamais ses destinées. Mais, comme cette Assemblée devait être composée de 900 membres, car il fallait bien que le peuple eût sa part dans cette œuvre immortelle, on s'occupa d'élever à la hâte un nouveau temple à ces nouveaux législateurs. — Ce temple, cette fois, fut construit à la hâte dans la cour principale, se reliant, par la Cour-d'Honneur, aux anciennes salles du Palais.

Nous n'avons pas à retracer ici toutes les scènes de désordre et de scandale qui se succédèrent pendant la durée des Assemblées Constituante et Législative. Nous dirons seulement que, fort heureusement, tous les divers projets qui avaient pour but de détruire ou de transformer l'ancienne salle des séances construite avec tant de soin et de frais en 1830, ne reçurent aucune exécution, et que cette salle provisoire subsista au milieu des mille vicissitudes que nous laissons le soin à l'histoire impartiale de décrire, jusqu'au 2 décembre 1851, époque où le coup d'Etat renversa ce que la république avait proclamé devoir être immortel.

Ainsi s'éteignit une fièvre républicaine, cette fois de courte durée, et le calme remplaça, dans l'ancienne salle des séances, le bruit qui avait enfanté tant de tempêtes.

La tribune des orateurs fut remplacée en 1852 par un bureau destiné à MM. les Conseillers d'Etat, et l'on enleva à cette même époque le 2e rang des tribunes placées à mi-hauteur des colonnes.

Après avoir dit, en peu de mots, l'histoire des vicissitudes et des transformations subies par l'ancien Palais-Bourbon, nous allons faire connaître, salle par salle, les divers évènements qui s'y sont passés et les richesses artistiques qu'il renferme.

3.

NOTICE EXPLICATIVE

DES

OBJETS D'ART QUI DÉCORENT LES LOCALITÉS

SPÉCIALEMENT AFFECTÉES

AU SERVICE DU CORPS LÉGISLATIF,

Et Description détaillée des Salles.

Salle des Séances.

NOTICE.

On entre dans le palais du Corps Législatif par deux issues principales :

L'une, du côté du pont Louis XV ;

L'autre, du côté de la place du Palais-Bourbon.

PÉRISTYLE DU COTÉ DU PONT.

Ce péristyle, construit en 1808 par POYET, architecte, pour faire face à l'église de la Madeleine, se compose d'un portique de douze colonnes d'ordre corinthien, couronné par un fronton, et deux arrière-corps. Il servait seul jadis d'entrée à la salle des séances, lorsque l'Empereur Napoléon et Louis XVIII venaient faire l'ouverture des sessions législatives.

Il était décoré primitivement de bas-reliefs rappelant les

principaux évènements de l'Empire. Le ciseau de CHAUDET avait sculpté dans le fronton l'Empereur Napoléon à cheval, présentant à la députation du Corps Législatif les drapeaux enlevés aux champs d'Austerlitz. Sous le péristyle, on voyait Napoléon, législateur; l'Empereur, alliant la Religion à la Victoire; l'Empereur, distribuant des récompenses aux Sciences et aux Arts; la bataille d'Austerlitz; l'Empereur au tombeau du grand Frédéric.

Ces sculptures furent enlevées sous la Restauration, et celle du fronton fut seule remplacée par un bas-relief en plâtre, exécuté par FRAGONARD.

En 1838, ce péristyle fut entièrement restauré tel qu'il existe aujourd'hui. — Voici les objets d'art qui le décorent :

Sur les piédestaux qui accompagnent le mur d'enceinte du palais :

Côté de la rue de Bourgogne :

SULLY, par BEAUVALET.

D'AGUESSEAU, par FOUCOU.

Côté du jardin :

COLBERT, par DUMONT père.

L'HOSPITAL, par DESCÈNE.

Sur les piédestaux du perron :

MINERVE, par ROLAND.

THÉMIS, par HOUDON.

Toutes ces statues sont en pierre.

Dans le fronton, un bas-relief; il représente la France

appelant à elle toutes les illustrations pour concourir à la confection des lois; elle est accompagnée de la *Force* et de la *Justice.* Dans les angles du fronton, d'un côté le *Commerce* et la *Navigation*, de l'autre les *Arts* et l'*Industrie.*

Ce bas-relief est l'œuvre la plus remarquable de M. CORTOT.

Deux bas-reliefs sont placés sur les arrière-corps : celui de droite, exécuté par RUDDE, représente les *Arts*, celui de gauche, exécuté par PRADIER, représente l'*Instruction publique.*

SALLE DES PAS-PERDUS OU DE LA PAIX.

Après avoir traversé une petite rotonde et un premier vestibule, qui conduit à la galerie de l'hôtel de la Présidence, on entre dans la salle dite des *Pas-Perdus.* Cette salle, dans laquelle les personnes munies de billets attendent l'heure de la séance, servit de salle des conférences pendant tout le temps que durèrent les constructions exécutées depuis 1828 jusqu'en 1832.

Ce fut par la croisée qui touche la porte du vestibule des quatre colonnes qu'on fit évader le jeune comte de Paris à l'époque de la révolution de 1848.

C'est aussi par cette même salle que sortit Madame la duchesse d'Orléans lorsque, chassée du pied de la tribune des orateurs, où elle resta assise dans un fauteuil, pendant toute la durée de l'orageuse séance à laquelle on l'avait condamnée d'assister, elle dut, pressée par la foule qui l'entourait, monter sur la dernière banquette de la salle et attendre qu'une main généreuse vînt la délivrer.

Les murs de la salle des Pas-Perdus sont décorés en

stuc imitant le marbre jaune de Sienne. Sur des piédestaux en beau marbre sérincolin sont placés les groupes de *Laocoon*, d'*Aria* et *Petus* fondus par les KELLER.

Sur le piédestal qui fait face aux croisées, on voit la statue colossale de la *Minerve antique*.

Les peintures du plafond et les voussures ont été exécutées par M. HORACE VERNET.

Au centre du plafond est représenté la *Paix* qui dompte la *Force* sous la figure d'un lion, et fait naitre les Arts et l'Industrie.

A droite, le Génie de la Vapeur sur Mer.

A gauche, le Génie de la Vapeur sur Terre.

Dans les voussures sont représentés les différents corps de l'Etat assistant, sous un portique décoré dans le style Louis XIV, à une cérémonie publique. On aperçoit au travers du portique divers monuments.

VESTIBULE DES QUATRE COLONNES
A LA SUITE.

Dans les niches de ce vestibule sont placées les statues (en plâtre) de *Brutus*, *Solon*, *Lycurgue*, *Epaminondas* (ces statues décoraient la salle des séances des Cinq-Cents, et la Chambre des Députés avant sa reconstruction.

Aux deux extrémités, deux groupes en plâtre, représentant la *Paix* et la *Guerre*.

SALON DE L'EMPEREUR.

On arrive à ce salon par la galerie qui précède la salle des séances, et communique à la grande salle d'introduction dite Casimir Périer.

Ce salon est remarquable par la richesse de sa décoration et de son ameublement.

Le plafond est divisé en caissons, dans lesquels sont représentés : la *Justice*, la *Guerre*, l'*Industrie* et l'*Agriculture*.

Dans les petits caissons, placés aux quatre angles, des génies portent leurs divers attributs.

Au-dessus des archivoltes des arcades règne une série de compositions dont les sujets se rapportent, sur chaque face, à la figure allégorique du plafond correspondant.

Du côté de la *Guerre* : des ouvriers forgent des armes ; les vainqueurs emmènent les captifs vaincus ; les mères désolées pressent leurs enfants dans leurs bras.

Du côté de l'*Industrie* : l'Industrie prépare les objets que le Commerce fait échanger entre les Nations ; les hommes et les femmes travaillent aux arts primitifs ; plus loin, s'opèrent les échanges avec les peuples d'outre-mer.

Du côté de l'*Agriculture* : des moissonneurs, dont les uns travaillent encore, tandis que les femmes se reposent sur des gerbes de blé des fatigues du jour ; à côté, couronnés de pampres, des hommes et des enfants sont occupés des détails de la vendauge.

Du côté de la *Justice* : des femmes sont endormies sous l'égide des lois ; près de ce groupe, un législateur rédige le Code, inspiré par le génie de la politique ; plus loin, des magistrats siègent au tribunal, et la *Force* veille auprès d'eux. Après vient la *Justice*, qui, le glaive à la main, poursuit le crime cherchant en vain à se dérober à ses coups.

Sur les pieds-droits des arcades sont des figures colossales, peintes en grisaille colorée, représentant :

Du côté du trône : l'*Océan* et la *Méditerranée* ;
Du côté de la cour : la *Garonne* et la *Saône* ;
Du côté de la salle d'introduction : la *Seine* et le *Rhône* ;
Du côté de la salle des séances : la *Loire* et le *Rhin*.

Toutes ces peintures ont été exécutées par M. EUGÈNE DE LACROIX.

Les meubles, surmontés de la couronne impériale, sont en bois doré recouvert en velours de soie cramoisi.

Le trône est celui qui servait à l'Empereur Napoléon Iᵉʳ.

GRANDE SALLE D'INTRODUCTION DITE CASIMIR PÉRIER.

La porte principale de cette salle ne s'ouvre que pour les visites impériales. Elle est située sous le péristyle de la Cour-d'Honneur, auquel on arrive par un perron de 15 marches. Ce péristyle, composé de quatre colonnes d'ordre corinthien, surmontées d'un fronton, rappelle, par ses détails et sa belle exécution, l'ordre du temple de Jupiter Stator.

La salle est décorée de colonnes d'ordre corinthien, qui supportent des arcs formant pénétration dans une voûte plein-ceintre ornée de caissons avec rosaces. Les ornements des pénétrations sont tous relatifs à la confection des lois. Six grandes croisées semi-circulaires éclairent cette vaste salle.

Le dallage est formé de compartiments variés en marbre français de diverses natures.

Dans les niches placées entre les colonnes, on voit les statues en marbre de :

MIRABEAU, par JALEY fils.

Le général FOY, par DESPREZ.

CASIMIR PÉRIER, par DURET.

BAILLY, par JALEY fils.

Au-dessus de la porte principale, un bas-relief représentant la *Loi Vengeresse*.

En face, la *Loi protectrice*.

Ces deux bas-reliefs sont de M. TRIQUETY.

SALLE DE DISTRIBUTION.

Cette salle, dont le titre indique suffisamment la destination, a été décorée par M. ABEL DE PUJOL.

Dans les quatre compartiments principaux du plafond sont représentés, en grisaille :

Les Capitulaires de Charlemagne;
La Loi Salique;
Les Edits de Saint-Louis;
La Charte de 1830.

Une rotonde en chêne communique avec le bureau où sont déposés les imprimés ; c'est par cette rotonde que se fait la distribution à MM. les Députés.

SALLE DES CONFÉRENCES.

Dans cette salle se tenait jadis les séances préparatoires avant l'ouverture des sessions. Elle servait et elle sert encore aujourd'hui pour les réunions, la conversation et le travail de MM. les Députés. En 1848, elle fut envahie plusieurs fois par le peuple, et notamment dans la journée du 15 mai. C'était, montés sur les tables de travail, que les orateurs populaires donnaient les ordres pour renverser le gouvernement républicain qu'ils avaient naguère contribué à fonder, et pour créer un nouveau gouvernement, pendant que le peuple dispersait par la force les Représentants de la France, occupés à délibérer tumultueusement dans la salle provisoire, construite au centre de la Cour-d'Honneur.

Ce fut après 1848 que disparut le tableau qui manque encore dans un des cadres qui décorent cette salle ; il représentait le *Baptême du Comte de Paris.*

Dans le deuxième cadre, on voit la première réunion des *États par Philippe IV, dit le Bel,* par VINCHON.

Le troisième représente le *Président Molé,* par VINCENT.

La cheminée monumentale, en marbre vert-de-mer, ornée de trophées et de deux figures ronde-bosse, représentant l'*Histoire* et la *Renommée,* a été exécutée par ANTONIN MOINE.

En face, est la statue d'Henri IV, donnée à la Chambre des

Députés en 1820 par M. le comte Ph. de Dijon, Député de Lot-et-Garonne (modèle en plâtre de RAGGI).

Derrière cette statue se trouve un trophée de drapeaux et étendards pris par l'armée française aux combats de Burgos, Espinosa, Tudela, Somo-Sierra et Madrid. Ils ont été offerts par l'Empereur Napoléon au Corps Législatif.

Douze de ces drapeaux ont été adressés au Président du Corps Législatif avec une lettre de l'Empereur; quatre-vingts autres ont été présentés au Corps Législatif, en séance publique, par M. de Ségur, adjudant-commandant.

Les voussures de cette grande salle, exécutées par M. Heim, membre de l'Institut, présentent, dans des médaillons supportés par des génies, les portraits d'hommes qui ont illustré la France par leur science et leur courage, savoir : *Richelieu, Suger, Mathieu-Molé, Sully, de Thou, Colbert, L'Hospital.*

Les quatre sujets qui forment les centres de cette importante décoration représentent :

Charlemagne donnant ses Capitulaires;
Saint-Louis faisant publier ses Édits;
L'établissement de la Cour des Comptes par Louis XI (1462);
Louis-le-Gros affranchissant les Communes.

De la salle des Conférences, on entre dans la Bibliothèque en traversant un vaste vestibule dans lequel on voit :

A droite de la porte, *Cicéron;*
A gauche, *Démosthènes.*

Ces Figures en plâtre étaient placées jadis dans la salle des séances des Cinq-Cents.

BIBLIOTHÈQUE.

Avant de décrire les objets d'art que renferme cette Bibliothèque, nous croyons qu'on ne lira pas sans intérêt quelques détails sur sa disposition et sur son origine.

La grande salle, qui forme son principal vaisseau, a 42 mètres de longueur sur 10 mètres de largeur; elle est partagée en cinq parties, voûtées en pendentifs, et formant cinq grandes divisions. Elle se termine, à ses deux extrémités, par deux culs-de-four.

Cette salle est éclairée par dix grandes croisées semicirculaires, placées dans les grands arcs formant pendentifs, et par deux lanternes percées dans les deux culs-de-four. Au centre, et en face de l'entrée, est placé le cabinet du bibliothécaire, auquel on arrive aussi par un escalier particulier.

Une menuiserie, toute en chêne de Hollande, enveloppe toutes les parois des murs en se pourtournant autour des piliers saillants. Cette menuiserie est divisée en trois parties dans sa hauteur : la première, jusqu'à hauteur d'appui, forme le soubassement et est destinée à recevoir les in-folios.

Au-dessus de la deuxième, qui s'élève jusqu'à la hauteur des deux tiers de la salle, est une galerie donnant accès à la troisième partie. On arrive à cette galerie, qui circule tout autour de la Bibliothèque, par trois escaliers de service. Un grand nombre d'autres salles nécessaires renferment toutes les richesses de cette importante Bibliothèque.

Le chauffage et la ventilation ont été combinés de manière à lui donner tout le confortable désirable. Voici maintenant l'origine des richesses de cette Bibliothèque :

En l'an iv (1796), la Bibliothèque fut établie au château des Tuileries, où siégeait le conseil des Cinq-Cents ; la résolution de ce conseil, en date du 22 pluviôse an iv (février 1796), qui ordonnait sa création, lui assignait pour premier fonds douze mille volumes environ, que le Comité d'instruction publique avait réunis à l'hôtel d'Elbeuf, place du Carrousel.

La nouvelle Bibliothèque suivit, au Palais-Bourbon, le conseil des Cinq-Cents ; elle y fut conservée lorsque le Corps Législatif succéda à ce conseil ; mais, quoique placée dans le local même du Corps Législatif, elle était tout à fait indépendante de son administration, qui n'avait aucune surveillance, aucune autorité à exercer sur les bibliothécaires nommés par le Ministre de l'intérieur, ni sur le choix des livres, ni sur les dépenses, ni sur la police et les règlements.

Enfin, alors, le Corps Législatif n'avait ni la propriété de cette Bibliothèque, ni même sa jouissance exclusive, puisqu'il la partageait avec le Tribunat et le Conseil d'Etat, qui, tous deux, cependant, possédaient, indépendamment, leurs bibliothèques particulières.

Ce ne fut qu'en l'an xiii (1804), lorsque le Sénatus-Consulte organique du 28 frimaire an xii eut donné une nouvelle forme au Corps Législatif, que la bibliothèque établie au Palais-Bourbon devint enfin sa propriété. Depuis 1814, cette bibliothèque est consacrée à la Chambre des Députés. Elle renferme aujourd'hui près de 100,000 volumes ; mais ce n'est pas, toutefois, par la grande quantité seule de ces volumes que la bibliothèque de la Chambre des Députés est devenue une des plus importantes de la capitale, c'est par le choix des ouvrages, par l'ensemble de ses collections sur toutes les matières, par ses éditions princeps, ses manuscrits précieux, soit anciens, soit modernes, par ses recueils des œuvres gravées de presque tous les grands peintres, par ses médailles et ses cartes géographiques.

Rien n'a été négligé pour rendre le vaisseau qui contient tant de richesses digne de sa destination.

M. Eugène Delacroix a été chargé de le décorer. Il y a représenté :

Dans le cul-de-four (côté nord), *Attila, suivi des hordes barbares, foulant aux pieds l'Italie et les Arts;*

Dans celui du midi : *Orphée venant policer les Grecs encore sauvages, et leur enseignant les Arts de la Paix.*

Dans le premier pendentif consacré à la Poésie, il a peint :

> *Hésiode et la Muse.*
> *L'Éducation d'Achille.*
> *Alexandre et les Poésies d'Homère.*
> *Ovide chez les Barbares.*

Dans le deuxième, consacré à la Théologie :

> *Adam et Ève.*
> *La Captivité de Babylone.*
> *Le Drachme du tribut.*
> *La Mort de saint Jean-Baptiste.*

Dans le troisième, consacré à l'Éloquence :

> *Cicéron accusant Verrès.*
> *Démosthènes haranguant les flots de la mer.*
> *Lycurgue consultant la Pythie.*
> *Numa et Égérie.*

Dans le quatrième, consacré à la Philosophie :

> *Sénèque se faisant ouvrir les veines.*

Socrate et son Démon.
Les Bergers chaldéens, inventeurs de l'astronomie.
Hérodote interrogeant la tradition des Mages.

Dans le cinquième, consacré aux Sciences :

Hippocrate refusant les présents du roi de Perse.
Archimède tué par le soldat.
Aristote décrivant les animaux que lui envoie Alexandre.
La Mort de Pline l'Ancien.

On remarque encore dans cette bibliothèque un meuble, style égyptien, exécuté pour l'ouvrage de la Commission d'Egypte; couronné par le masque en bronze de l'Empereur Napoléon, fondu par Richard et Quesnet, d'après ANTOMARCHI.

SALLE DES SÉANCES.

Cette salle, de forme semi-circulaire, a été construite sur l'emplacement occupé primitivement par le Palais-Bourbon, et plus tard par la salle des Cinq-Cents.

Tous les soubassements et le dallage sont revêtus en marbre de diverses natures, tels que griotte, sérincolin, brèche violette, rosé et brocatelle d'Espagne.

Les colonnes derrière lesquelles sont disposées les tribunes publiques et celles réservées sont en marbre de Carrare et d'un seul bloc; les bases et les chapiteaux en bronze doré. Les sièges et les pupitres de MM. les Députés, et toutes les portes de cette salle, sont en acajou massif. Le fond des tribunes et les banquettes sont tendus en drap amaranthe, avec frise dorée. La charpente est en fer forgé, la couverture en cuivre. Enfin, rien n'a été épargné pour donner à cette salle tout le luxe et la gravité que demandait le temple de la loi.

La tribune des orateurs, enlevée en 1852, a été remplacée par un grand bureau en acajou massif, orné de bronzes dorés, devant lequel siègent MM. les Conseillers d'Etat chargés de soutenir la discussion des lois. On a fait disparaître à cette même époque le deuxième rang de tribunes établies en arrière-corps et à mi-hauteur des colonnes.

Voici les objets d'art qui complètent la décoration de cette salle :

Derrière le fauteuil du Président : un bas-relief en marbre blanc, représentant la *France protectrice des Arts, des Sciences, de l'Agriculture et du Commerce.*

Ce bas-relief, remarquable sous le double rapport de la composition et de la finesse d'exécution, est le dernier ouvrage de ROMAN.

Le bas-relief, placé sur le soubassement qui supporte le bureau du Président, avait été exécuté par LEMOT, pour l'ancienne tribune des Cinq-Cents, et représente l'*Histoire et la Renommée.* Au centre, un cippe qui supporte la tête de Janus. Le tout sur un fond en marbre griotte.

Au-dessus des quatre colonnes formant la décoration du mur dossier de la salle, sont placées quatre figures en marbre blanc :

La *Force,* par DUPREZ.
La *Justice,* par DUMONT.
La *Sagesse,* par FOYATIER.
L'*Éloquence,* par ALLIER.

Dans les deux grandes niches, deux statues en marbre blanc, par PRADIER : la *Liberté*, l'*Ordre public*.

Les deux bas-reliefs qui ornaient les soubassements des deux avant-corps et qui représentaient : *Louis-Philippe acceptant la Charte de 1830*, par RAMEY fils, et *Louis-Philippe distribuant les drapeaux à la garde nationale*, par M. PETITOT, membre de l'Institut, ont été enlevés aussi en 1848, et n'ont plus été remplacés.

La voûte de cette salle est décorée de caissons et d'une frise représentant divers attributs, exécutés par MM. ADAM et GOSSE.

De l'extrémité de la salle des Séances, et par une porte en acajou massif, ornée de bronzes dorés, on communique à l'ancienne salle des Gardes, qui sert aujourd'hui de buvette.

Les murs sont décorés de quatre trophées exécutés par FRAGONARD. Dans la voûte, on a représenté le *Couronnement des Vertus Civiques et les Vertus Guerrières*.

ANCIEN SALON DE L'EMPEREUR.

Trois tableaux décorent ce salon :

Séance de l'Assemblée Constituante du 23 juin 1789, par M. HESSE.

OEdipe et Antigone, par THÉVENIN.

La reine Clotilde demandant à Dieu de lui conserver son fils, par mademoiselle DUVIDAL.

Sur les murs, en stuc jaune de Sienne, sont peints des

trophées représentant les armures de tous les pays et de tous les âges.

Toutes les autres parties du Palais, que nous ne croyons pas nécessaire de décrire ici en détail, sont consacrées, savoir :

Les bâtiments sur la rue de Bourgogne, qui occupent toute la longueur de la cour principale, au vestiaire de MM. les Députés.

Les bâtiments qui entourent les cours Sully, Montesquieu, Molé, d'Aguesseau, etc., reliés entre eux par une galerie intérieure, sont disposés pour recevoir les Bureaux et les Commissions.

La chapelle est placée au rez-de-chaussée de la cour Sully.

Les bâtiments sur la rue de l'Université, formant la gauche de l'avenue de la Présidence, renferment les écuries et les remises de M. le Président.

MM. les Questeurs occupent le pavillon à droite du portique d'entrée.

L'hôtel de la Présidence, placé à l'extrémité d'une belle avenue dont l'entrée est sur la rue de l'Université, est situé entre deux jardins. Sa position en fait une des plus agréables habitations de Paris. Il a été construit sur l'emplacement de l'hôtel Lassey dont on n'a conservé que les façades extérieures jusqu'à la corniche du premier étage.

Comme nous l'avons déjà dit, tout le rez-de-chaussée a été consacré aux réceptions officielles.

Comme souvenir de son origine, cet hôtel a été entièrement décoré par l'architecte, M. DE JOLY, lors de sa reconstruction, dans le style Louis XV ; les boiseries sculptées et dorées sont du plus riche éclat.

Les salons sont ornés de vases de la manufacture de Sè-

vres et de bronzes remarquables par la finesse de leur exécution.

Cet hôtel, commencé en 1846, n'était pas encore terminé lorsque éclata la révolution de 1848; repris presque
au milieu des émeutes, il fut inauguré par M. Marrast,
alors président de l'Assemblée Constituante. Depuis cette
époque, rien n'a été épargné pour rendre cet hôtel un des
plus brillants de la capitale.

Les peintures qui décorent les vingt-six dessus de portes
des salons du rez-de-chaussée ont été exécutées par
M. HEIM, membre de l'Institut.

Cet artiste y a représenté :

Pour les dessus de portes de la salle de jeu :

Les divers jeux représentés par des scènes dont les enfants sont les acteurs.

Pour les dessus de portes du premier salon :

Les Éléments.

Dans le grand salon du milieu :

Des Concerts, des Danses, soit à la ville, soit à la campagne; des Conversations, dont les personnages rappellent,
par leurs costumes, l'époque et le style de l'hôtel.

Dans le troisième salon :

Les Saisons, le Soleil et la Lune sous les figures d'*Apol-
lon* et de *Diane.*

Enfin, dans le grand cabinet :

L'Étude, l'Éloquence, la Méditation et la Politique.

4.

ÉTAT GÉNÉRAL

des

DÉPENSES FAITES POUR LA CONSTRUCTION DU PALAIS-BOURBON ET DU PALAIS DU CORPS LÉGISLATIF, DEPUIS 1722 JUSQU'EN 1855.

I.

De 1722 à 1778.

Dépenses faites pour la construction, l'ameublement et l'acquisition des terrains du Palais-Bourbon.

	liv.	s.	d.
Constructions de toutes natures	9,453,191	18	5
Ameublement	860,201	17	3
Acquisitions des terrains	1,780,698	3	5
Dépenses diverses, compris les honoraires des architectes, vérificateurs	426,755	18	5
Intérêts et capitaux empruntés et employés aux objets ci-dessus	3,840,400	5	5

	liv.	s.	d.
TOTAL	16,361,246	2	9

II.

De l'an III à l'an VI.

*Dépenses faites pour l'établissement des Cinq-Cents
dans le Palais-Bourbon (1).*

liv. s. d.

Travaux de toutes natures............. 1,023,796 15 6

III.

1807 à 1810.

*Dépenses faites pour la construction du côté du pont
de la Concorde (pont Louis XVI).*

	fr. c.
Travaux de constructions de toutes natures..........	1,494,643 65
Travaux d'art.............	194,940 »
Honoraires, frais d'agence et dépenses diverses........	69,479 18
	fr. c.
TOTAL............	1,759,062 83

---

(1) Cette dépense, relevée avec soin sur les registres de la Cour
des comptes, n'est cependant donnée qu'approximativemen t, une
grande partie des volumineux mémoires n'existant plus par suite de
la vente qui en a été faite, avec d'autres papiers, à diverses époques.

IV.

1820.

Dépenses faites pour la construction de la salle provisoire.

	fr. c.
Travaux de toutes natures...............	213,242 14

V.

1820 à 1840.

Dépenses faites pour la reconstruction du Palais de la Chambre des Députés.

	fr. c.
Travaux de constructions de toutes natures............	3,855,791 77
Travaux et construction pour la restauration du péristyle du côté du pont Louis XVI.	230,285 12
Travaux d'art : sculpture et peinture....................	656,000 »
Dépenses diverses..............	162,970 64
TOTAL..............	4,885,047 53

VI.

1840 à 1855.

*Construction de l'hôtel et de la galerie
de la Présidence.*

	fr. c.
Travaux de toutes natures, y compris le mobilier...........	1,300,000 »
Salle provisoire dans la Cour-d'Honneur, pour les Assemblées Constituante et Législative.......................	278,763 83
Restauration de l'ancienne salle des Séances pour l'installation du Corps Législatif, et réparation des cours du Palais.	
Travaux de toutes natures, après la démolition de la salle provisoire..............	82,557 36
	fr. c.
TOTAL..............	1,661,321 19

Récapitulation Générale des Dépenses.

---

	fr.	c.
De 1722 à 1778.	16,159,233	45
De l'an III à l'an VI.	1,011,333	09
De 1807 à 1810.	1,759,062	83
En 1829.	213,242	14
De 1829 à 1840.	4,883,807	53
De 1840 à 1853.	1,661,521	19
TOTAL GÉNÉRAL.	25,687,264	20

Imprimé par Henri et Charles Noblet, rue St-Dominique, 56.